総本山第六十八世御法主日如上人猊下

御指南集 三十二

―― 目　次 ――

凡　例

一、本書は『大日蓮』誌の令和四年十一月号から同五年四月号までに掲載された、総本山第六十八世御法主日如上人猊下の御指南を抄録したものである。

一、各項の題は編集者がつけた。また読者の便宜のため、ルビ等を加筆した。

一、各項末には、御指南がなされた行事名と、『大日蓮』の掲載号およびページ数を記した。

一、本書に使用した略称は次のとおり。

御　　書　―　平成新編日蓮大聖人御書（大石寺版）
法 華 経　―　新編妙法蓮華経並開結（大石寺版）
六 巻 抄　―　六巻抄（大石寺版）
御書文段　―　日寛上人御書文段（大石寺版）

① いかなる難《なん》をも乗り越えられる

今日《こんにち》、新型コロナウイルス感染症や様々な難が競《きそ》い起きている混迷の世相にあって、私どもは、たとえいかなる難が到来しようとも、大御本尊様に絶対の信を取り、全力を傾注《けいちゅう》して自行化他《けた》の信心に励み、もって広布《こうふ》の戦いに臨んでいかなければならないことを痛感するものであります。

そもそも、世の中の不幸と混乱の原因は、実はすべて邪義邪宗の謗法《ほうぼう》の害毒にあります。まさにこれは、大聖人様が『立正安国論《りっしょうあんこくろん》』においてお示しの通りであります。この謗法を断《た》ち、末法《まっぽう》の御本仏宗祖日蓮大聖人様の仏法を立てなければ、真の幸せも平和も招来《しょうらい》することはできないわけでありますから、我々は、いかなる難《なん》に値《あ》おうとも、妙法広布に精進《しょうじん》していくことが肝要《かんよう》であります。まさに妙法広布に精進していくなかに、必ず広大なる御仏智《ぶっち》を頂き、いかなる難をも乗り越えられることを確信し、我々はいよいよ強盛《ごうじょう》に自行化他の信心に励んでいくことが肝要であろうと思います。

（要行寺本堂新築落慶法要・令和四年十一月号19ジペー）

② 難来《なん》たるを以《もっ》て安楽と意得《こころう》べきなり

『御義口伝《おんぎくでん》』のなかには、

「末法《まっぽう》に於《おい》て今《いま》日蓮等の類《たぐい》の修行は、妙法蓮華経を修行するに難来《なん》たるを以《もっ》て安楽と意得《こころう》べきなり」（御書一七六二ジペー）

と仰せであります。また『開目抄』には、

「今、日蓮、強盛《ごうじょう》に国土の謗法《ほうぼう》を責《せ》むれば、此《こ》の大難の来たるは過去の重罪の今生《こんじょう》の護法に招き出《い》だせるなるべし。鉄は火に値《あ》はざれば黒し、火と合ひぬれば赤し。木をもって急流をかけば、波、山のごとし。睡《ねむ》れる師子《しし》に手をつくれば大いに吼《ほ》ゆ」（同五七三ジペー）

と仰せられ、さらにまた『椎地《しいじ》四郎殿御書』には、

「大難来たりなば強盛の信心弥々《いよいよ》悦《よろこ》びをなすべし。火に薪《たきぎ》をくわへ《加》んにさかん《盛》なる事なかるべしや。大海へ衆流《しゅる》入《い》る、されども大海は河の水を返す事ありや。法華《ほっけ》大海の行者に諸河《しょが》の水は大難の如《ごと》く入れども、かへ《返》す事とがむ《咎》る事なし。諸河の水入る事なくば大海あるべからず。大難なくば法華経《ほけきょう》の行者にはあらじ」（同一五五五㌻）

と仰せであります。

これらの御文を拝する時、私どもは、これから先、たとえいかなる難が競い起きようとも、大御本尊様への絶対の信のもとに、身命《しんみょう》を惜《お》しまず妙法広《こう》布《ふ》に尽くしていくならば、必ず一生成仏《じょうぶつ》を果たせることを確信していかなければなりません。

妙法の広大無辺なることをしっかりと拝して、私達は自行化他《けた》の信心に励むことが肝要《かんよう》であります。

いよいよ本年も残り少なくなりましたが、皆様には最後の最後まで、異体同心・一致団結して妙法広布に尽くされることをお願いする次第であります。
特に今日《こんにち》のあらゆる状況から見て、折伏《しゃくぶく》を忘れた信心は、本宗のなかには存在しません。まさに、自行化他にわたりての南無妙法蓮華経であります。一人ひとりが折伏をしっかり行じていくところに、必ず大きな功徳《くどく》が存することは間違いありません。広宣流布《こうせんるふ》を願う我々が一致団結して、この難局を乗りきっていくことが肝要であろうと思います。

（要行寺本堂新築落慶法要・令和四年十一月号20ページ）

③全魂《ぜんこん》を傾けて折伏《しゃくぶく》を

法華経見宝塔品《ほけきょうけん》を拝しますと、

「此《こ》の経は持《たも》ち難《がた》し　若《も》し暫《しばら》くも持つ者は　我即《すなわ》ち歓喜《かんぎ》す　諸仏も亦然《またしか》なり」（法華経三五四ジペー）

と仰せであります。

この御文は、六難九易《い》に続いて説かれた偈文《げもん》であります。すなわち「この経を受持することは難しいが、もししばらくでも受持する者があれば、仏は大いに喜び、他の多くの仏も同様に喜ぶであろう」と仰せられているのであります。

まさしく、この御文は妙法信受の功徳《くどく》がいかに大きいかを示唆《しさ》されているのでありますが、今、日本をはじめ世界中が新型コロナウイルス感染症によって混沌《こんとん》とした状況を呈《てい》している時、私どもは一人でも多くの人に対し、異体同心・一致団結して折伏《しゃくぶく》を行じ、一天広布《こうふ》へ向け全魂《ぜんこん》を傾けて、折伏を行じていかなければならないと思います。

（十月度広布唱題会・令和四年十一月号23ジペー）

④ 万事《ばんじ》を閣《さしお》いて謗法《ほうぼう》を責《せ》むべし

大聖人様は『聖愚《しょうぐ》問答抄』に、

「修行に摂折《しょうしゃく》あり。摂受《しょうじゅ》の時折伏《しゃくぶく》を行ずるも非なり。折伏の時摂受を行ずるも失《とが》なり。然《しか》るに今世は摂受の時か折伏の時か先《ま》づ是《これ》を知るべし。摂受の行は此《こ》の国に法華《ほっけ》一純に弘まりて、邪法邪師一人もなしといはん、此の時は山林に交《まじ》はりて観法を修し、五種六種乃至《ないし》十種等を行ずべきなり。折伏の時はかくの如《ごと》くならず、経教《きょうぎょう》のおきて蘭菊《らんぎく》に、諸宗のおぎろ《頤》誉《ほま》れを擅《ほしいまま》にし、邪正肩《かた》を並べ大小先《さき》を争はん時は、万事《ばんじ》を閣《さしお》いて謗法《ほうぼう》を責《せ》むべし、是《これ》折伏の修行なり。此の旨《むね》を知らずして摂折途《みち》に違《たが》はゞ得道は思ひもよらず、悪道に堕《お》つべしと云《い》ふ事、法華・涅槃《ねはん》に定め置き、天台・妙楽の解釈《げしゃく》にも分明《ふんみょう》なり。是仏法修行の大事なるべし」
（御書四〇二ジペー）

と仰せであります。

されば私ども一同、改めてこの御文中にお示しあそばされた「邪正肩を並べ大小先を争はん時は、万事を閣いて謗法を責むべし」との御金言《きんげん》を拝し、特に今日《こんにち》の如き、新型コロナウイルス感染症によって世界中が末法濁悪《まっぽうじょくあく》の世相そのままに騒然《そうぜん》とした様相を呈《てい》している今こそ、私ども一人ひとりが断固たる決意を持って立ち上がり、一人でも多くの人に対して折伏を行じ、もって一天広布《こうふ》に向けて、たくましく前進すべき最も大事な時であることを知り、異体同心・一致団結して、いよいよ折伏に励まれますよう心から願い、本日の挨拶といたします。

（十月度広布唱題会・令和四年十一月号23ジペー）

⑤世の中が平和と安穏《あんのん》であるために

今、世間を見ると、依然として新型コロナウイルス感染症が猛威を振るい、また、ウクライナにおける戦乱や、韓国における雑踏《ざっとう》事故など、世界的にも悲惨な事件や事故が続き、末法濁悪《まっぽうじょくあく》の世相そのままに混沌《こんとん》とした状況を呈《てい》しております。かくなる時こそ、私どもは改めて『立正安国論《りっしょうあんこくろん》』の御聖意《しょうい》を拝し、一人ひとりが断固たる決意と勇気ある行動をもって、身軽《しんきょう》法重・死身弘法《ぐほう》の御遺訓《いくん》のままに、真の世界平和と全人類の幸せを目指して勇猛果敢に折伏《しゃくぶく》を行じ、もってこの難局を乗り越えていかなければならないと思います。

大聖人は『立正安国論』に、

「嗟呼《ああ》悲しいかな如来誠諦《じょうたい》の禁言《きんげん》に背《そむ》くこと。哀《あわ》れなるかな愚侶《ぐりょ》迷惑の麁語《そご》に随《したが》ふこと。早く天下の静謐《せいひつ》を思はゞ須《すべから》く国中の謗法《ほうぼう》を断《た》つべし」

（御書二四七ジペー）

と仰せであります。

まさしく、この御金言《きんげん》の如《ごと》く、世の中が平和で安穏《あんのん》であるためには、断固として邪義邪宗の謗法の害毒を断たなければなりません。

されば、私達はこの御金言《きんげん》を拝し、混沌とした悪世末法における不幸と混乱の原因は、ひとえに邪義邪宗の謗法の害毒にあることをしっかりと認識し、一切の謗法を断ち、末法の御本仏宗祖日蓮大聖人の本因下種《ほんにんげしゅ》の妙法に帰依《きえ》することこそ、幸せを築く最善の方途《ほうと》であることを一人でも多くの人々に伝え、破邪顕正《はじゃけんしょう》の折伏を行じていかなければなりません。

（十一月度広布唱題会・令和四年十二月号26ジペー）

⑥ 真の仏国土《ぶっこくど》実現を目指して

大聖人様は『立正安国論《りっしょうあんこくろん》』に、

「汝《なんじ》早く信仰の寸心を改めて速《すみ》やかに実乗の一善に帰《き》せよ。然《しか》れば則《すなわ》ち三界は皆《みな》仏国なり、仏国其《そ》れ衰《おとろ》へんや。十方は悉《ことごと》く宝土なり、宝土何ぞ壊《やぶ》れんや。国に衰微《すいび》無く土《ど》に破壊《はえ》無くんば、身は是《これ》安全にして心は是禅《ぜん》定《じょう》ならん。此《こ》の詞《ことば》此の言《こと》信ずべく崇《あが》むべし」（御書二五〇ジペー）

と仰せであります。

この御文は、皆様もよく御存じのことと思いますが、改めてこの御金言《きんげん》を拝する時、今こそ私どもは、一人ひとりの幸せはもとより、すべての人々の幸せと真の世界平和実現を目指し、たとえいかなる障害や困難が惹起《じゃっき》しようとも、講中一結・異体同心して唱題に励み、その功徳《くどく》と歓喜《かんぎ》をもって全力を傾注《けいちゅう》して折伏《しゃくぶく》を実践し、もって今日《こんにち》の混沌《こんとん》とした窮状を救済し、真の仏国土《ぶっこくど》実現を目指していかなければならないと思います。

（十一月度広布唱題会・令和四年十二月号27ジペー）

⑦ 世皆《みな》正に背《そむ》き人悉《ことごと》く悪に帰《き》す

本年「折伏《しゃくぶく》躍動の年」は、仏祖三宝尊への御報恩謝徳のもと、僧俗一致・異体同心し全力を傾注《けいちゅう》して、一天広布《こうふ》の達成へ向けて大きく躍動し、御奉公の誠を尽くしていかなければならない誠に大事な年であります。

特に今、依然として、新型コロナウイルス感染症の猛威が止《や》まず、日本をはじめ世界各国に蔓延《まんえん》し、混沌《こんとん》とした状況を呈《てい》している時、私共は改めて一人ひとりが断固たる決意と堅忍不抜《けんにんふばつ》の信念を以《も》って、立正安国《りっしょうあんこく》の御聖訓を胸に折伏を行じ、この難局を乗り越えていかなければなりません。

大聖人は『立正安国論』に、

「倩《つらつら》微管《びかん》を傾け聊《いささか》経文を披《ひら》きたるに、世皆《みな》正に背《そむ》き人悉《ことごと》く悪に帰《き》す。故に善神国《くに》を捨てゝ相《あい》去り、聖人所《ところ》を辞して還《かえ》らず。是《ここ》を以《もっ》て魔《ま》来たり鬼《き》来たり、災《さい》起こり難起こる。言はずんばあるべからず。恐れずんばあるべからず」（御書二三四ジペー）

と仰せであります。

当《まさ》に、今日《こんにち》の新型コロナウイルス感染症の世界的蔓延状況を仏法の鏡に照らして見る時、その根本原因は「世皆正に背き人悉く悪に帰す」と仰せの如《ごと》く、邪義邪宗の謗法《ほうぼう》の害毒にあることを知り、尚《なお》一層の強盛《ごうじょう》なる信心を以って、破邪顕正《けんしょう》の折伏を行じ、勇猛精進《しょうじん》していかなければなりません。

（新年之辞・令和五年一月号４ジペー）

⑧ 法華経《ほけきょう》独《ひと》り成仏《じょうぶつ》の法なり

『如説《にょせつ》修行抄』に、

「末法《まっぽう》の始めの五百歳には純円一実の法華経《ほけきょう》のみ広宣流布《こうせんるふ》の時なり。此《こ》の時は闘諍堅固《とうじょうけんご》・白法隠没《びゃくほうおんもつ》の時と定めて権実雑乱《ごんじつぞうらん》の砌《みぎり》なり。敵《かたき》有る時は刀杖弓箭《とうじょうきゅうせん》を持つべし、敵無き時は弓箭兵杖《ひょうじょう》なにかせん。今の時は権教即実教の敵と成る。一乗流布の代《よ》の時は権教有って敵と成る。まぎ《紛》らはしくば実教より之《これ》を責《せ》むべし。是《これ》を摂折《しょうしゃく》の修行の中には法華折伏《ほっけしゃくぶく》と申すなり。天台云《い》はく『法華折伏破権門《ごんもん》理』と、良《まこと》に故あるかな。然《しか》るに摂受《しょうじゅ》たる四安楽の修行を今の時行ずるならば、冬《ふゆ》種子を下《くだ》して益《やく》を求むる者にあらずや。鶏《にわとり》の暁《あかつき》に鳴くは用《ゆう》なり、よい《宵》に鳴くは物怪《もっけ》なり。権実雑乱の時、法華経の御敵を責めずして山林に閉ぢ籠《こも》りて摂受の修行をせんは、豈《あに》法華経修行の時を失ふべき物怪にあらずや。されば末法今《いま》の時、法華経の折伏の修行をば誰か経文の如く行じ給《たま》へる。誰人にても坐《おわ》せ、諸経は無得道堕地獄《だじごく》の根源、法華経独《ひと》り成仏《じょうぶつ》の法なりと音《こえ》も惜《お》しまずよ《呼》ばはり給ひて、諸宗の人法共に折伏して御覧ぜよ。三類の強敵《ごうてき》来たらん事は疑ひ無し」（御書六七二㌻）

と仰せであります。

この御金言《きんげん》を拝する時、一人ひとりが断固たる決意と破邪顕正《けんしょう》の信念のもと、「誰人にても坐せ、諸経は無得道堕地獄の根源、法華経独り成仏の法なりと音も惜しまずよばはり給ひて、諸宗の人法共に折伏して御覧ぜよ」との御金言の侭《まま》に一天広布《こうふ》を目指し、講中一結・異体同心して勇猛果敢に大折伏戦を展開し、以って夫々《それぞれ》が一生成仏を果たされますよう心から念じ、新年の挨拶といたします。

（新年之辞・令和五年一月号5㌻）

⑨ 法華経《ほけきょう》が諸経中王の経典たる所以《ゆえん》

法華経《ほけきょう》は釈尊一代五十年の説法中、出世の本懐《ほんがい》として説かれた最勝・最尊の教説にして、三説超過《ちょうか》の大法、諸経中王の経典であります。この法華経においての中心をなすのは本門寿量品であり、法華経が諸経中王の経典たる所以《ゆえん》は、実に寿量品が説かれているが故であります。

故に『可延定業御書《じょうごう》』には、

「法華経の一代の聖教《しょうぎょう》に超過していみじきと申すは寿量品のゆへ《故》ぞかし」（御書七六一㌻）

と仰せられ、『太田左衛門尉《さえもんのじょう》御返事』には、

「寿量品と申すは本門の肝心《かんじん》なり。又此《こ》の品《ほん》は一部の肝心、一代の聖教

の肝心のみならず、三世の諸仏の説法の儀式の大要なり」

（同一二二三ページ）

と仰せられているのであります。

しこうして、この寿量品が説かれたる所以は『開目抄』に、

「されば弥勒菩薩《みろくぼさつ》、涌出品に四十余年の未見今見の大菩薩を、仏『爾《しか》して乃《すなわ》ち之《これ》を教化《きょうけ》して初めて道心を発《お》こさしむ』等ととかせ給《たま》ひしを疑って云《い》はく『如来太子たりし時、釈の宮《ぐう》を出《い》でて伽耶《がや》城を去ること遠からず、道場に坐《ざ》して、阿耨多羅三藐三菩提《あのくたらさんみゃくさんぼだい》を成ずることを得たまへり。是《これ》より已来《このかた》、始めて四十余年を過ぎたり。世尊、云何《いかん》ぞ此の少時に於《おい》て、大いに仏事を作《な》したまへる』等云云《うんぬん》。教主釈尊此等《これら》の疑ひを晴らさんがために寿量品をとかんとして、爾前《にぜん》迹門のきゝ《所聞》を挙げて云はく『一切世間の天人及び阿修羅《あしゅら》は皆、今の釈迦牟尼《しゃかむに》仏、釈氏の宮を出でて伽耶城を去ること遠からず、道場に坐して、阿耨多羅三藐三菩提を得たまへりと

謂《おも》へり』等云云。正《まさ》しく此の疑ひに答へて云はく『然《しか》るに善男子《なんし》、我《われ》実に成仏《じょうぶつ》してより已来、無量無辺百千万億那由他劫《なゆたこう》なり』等云云」

（同五三五ジペー）

と仰せの如《ごと》く、釈尊は涌出品において、上行等の四菩薩を上首《じょうしゅ》とする地涌《じゆ》の菩薩を呼び出して略開近顕遠《りゃっかいごんけんのん》を示し、今まで釈尊は始成正覚《しじょうしょうがく》の仏と思われてきたことに対して動執生疑《どうしゅうしょうぎ》せしめ、この疑いを断疑生信《だんぎしょうしん》せしめるために寿量品を説かれ、始成正覚を打ち破って、久遠《くおん》の開顕すなわち広開近顕遠を示され、もって御自身が久遠五百塵点劫《じんでんごう》以来、本有《ほんぬ》常住にして法報応の三身具足《ぐそく》の自受用《じじゅゆう》身、久遠実成《じつじょう》の仏であることを明かされたのであります。

（宗祖日蓮大聖人御大会・令和五年一月号40ジペー）

⑩ 寿量品は法華経《ほけきょう》の中心・肝要《かんよう》

『法華《ほっけ》真言勝劣事』には、

「諸経には始成正覚《しじょうしょうがく》の旨《むね》を談じて三身相即の無始の古仏を顕《あら》はさず。本無今有《こんぬ》の失《とが》有れば大日如来は有名無実《うみょう》なり。寿量品に此《こ》の旨を顕はす」

（御書三〇九㌻）

と仰せられているのであります。

つまり、寿量品における久遠《くおん》の開顕は、爾前迹門《にぜんしゃくもん》における今までの仏身に対する考えを根底から変えたものであったのであります。のみならず、寿量品以前の蔵《ぞう》・通・別・円の四教の仏因仏果を打ち破り、爾前迹門の十界の因果を打ち破って本門の十界の因果を説き顕し、本因本果の法門を明かされ、二乗作仏《さぶつ》の実義と真の十界互具《ごぐ》、百界千如、一念三千が示され、ここに一切衆生《しゅじょう》の成仏《じょうぶつ》の原理が明らかになったのであります。

よって『薬王品得意抄』には、

「爾前迹門にして猶生死《なおしょうじ》を離れ難《がた》し。本門寿量品に至りて必ず生死を離るべし」（同三五〇ジペー）

と仰せられ、『当体義抄』には、

「故に知んぬ、本門寿量の説《せつ》顕はれての後は、霊山一会《りょうぜんいちえ》の衆皆悉《みなことごと》く当体蓮華を証得するなり。二乗・闡提《せんだい》・定性《じょうしょう》・女人等も悪人も本仏の蓮華を証得するなり」（同七〇一ジペー）

と仰せられているのであります。

すなわち、法華経《ほけきょう》本門寿量品に至って久遠の開顕がなされ、真の十界互具・一念三千の妙理が明かされるに及んで、具体的に二乗作仏をはじめ、闡提・定性・女人・悪人等の一切衆生の成仏が、ことごとくかなえられることが証明されたのであります。まさしく、寿量品は法華経の中心・肝要《かんよう》なる一品であるばかりではなく、釈尊一代五十年の説法の肝心・骨髄《こつずい》であり、十界皆成《かいじょう》、即身成仏の直道《じきどう》を示された大法にして、その実義は寿量品における久遠の開顕によって初めて示されるに至ったのであります。

（宗祖日蓮大聖人御大会・令和五年一月号41ジペー）

⑪ 寿量品が説かれた所以《ゆえん》

寿量品の意義を拝するに、そもそも釈尊がこの寿量品を説かれる所以《ゆえん》は、一往は在世衆生《しゅじょう》のためでありますが、再往は滅後の一切衆生のためであります。故に『法華取要抄《ほっけ》』には、

「問うて曰《いわ》く、誰人《たれびと》の為に広開近顕遠《こうかいごんけんのん》の寿量品を演説するや。答へて曰く、寿量品の一品二半は始めより終はりに至るまで正《まさ》しく滅後の衆生の為なり。滅後の中には末法今時《まっぽうこんじ》の日蓮等が為なり」（御書七三五ジペー）

と仰せられ、同じく『法華取要抄《ほっけ》』のなかで、

「然《しか》りと雖《いえど》も略開近顕遠・動執生疑《どうしゅうしょうぎ》の文に云《い》はく『然も諸《もろもろ》の新発意《しんぼっち》の菩《ぼ》薩《さつ》、仏の滅後に於《おい》て、若《も》し是《こ》の語《ことば》を聞かば、或《あるい》は信受せずして、法を破

する罪業《ざいごう》の因縁を起こさん』等云云《うんぬん》。文の心は寿量品を説かずんば末代の凡夫皆《みな》悪道に堕《だ》せん等なり」（同ジペー）と仰せられているのであります。

しかれば、この寿量品の顕説は滅後末法のためなりと仰せられたのは、いかなる理由によるかといえば、本化《ほんげ》上行菩薩にこの本門寿量品の妙法を付嘱し、末代の一切衆生に与え給《たま》わんがためであります。つまり、釈尊は寿量品において広開近顕遠を説かれたのち、如来神力品《じんりきほん》において法華経《ほけきょう》の肝要《かんよう》・妙法蓮華経を四句の要法に括《くく》って上行菩薩等に付嘱し、末法流布《るふ》を託《たく》されたのであります。すなわち、結要《けっちょう》付嘱をされたのであります。

（宗祖日蓮大聖人御大会・令和五年一月号47ジペー）

⑫ 大聖人は久遠元初《くおんがんじょ》の本仏

大聖人は、この上行菩薩《ぼさつ》の再誕として末法《まっぽう》に御出現あそばされたのでありますが、しかし上行菩薩としてのお立場は、あくまでも教相に約した外用《げゆう》の姿であって、文底《もんてい》に約し内証深秘《じんぴ》の辺から論ずれば、寿量品の本主にして、久遠元初自受用《くおんがんじょじじゅゆう》報身如来の御当体、一念三千の尊形《そんぎょう》、無作本有《むさほんぬ》の本仏、末法今時《こんじ》の下種《げしゅ》仏、本因妙《ほんにんみょう》の教主であります。

故に『本因妙抄』には、

「釈尊久遠名字即《みょうじそく》の位の御身の修行を、末法今時の日蓮が名字即の身に移せり」（御書一六八四ジペー）

と仰せられ、また『百六箇抄』には、

「今日《いま》蓮が修行は久遠名字の振る舞ひに介爾《けに》計《ばか》りも違《たが》はざるなり」

（同一六九五ジペー）

と仰せられ、さらに同じく『百六箇抄』には、

「久遠元始の天上天下唯我《ゆいが》独尊は日蓮是《これ》なり」（同一六九六ジペー）

と仰せられているのであります。

つまり、法華経神力品《ほけきょうじんりきほん》における付嘱の儀式は、本来、久遠元初自受用報身如来であられる御本仏大聖人が、釈尊が寿量品において久遠の仏寿を開顕する時の助けとして本化の菩薩の姿を示し、かつまた末法弘通の付嘱を受け、将来の末法御出現と三大秘法を御建立《こんりゅう》あそばされることを予証することにあったのであります。したがって、今時末法から拝せば、法華経に現れた上行菩薩は仮りの姿であり、久遠元初の本仏すなわち大聖人が、仏法付嘱の上から過去に上行菩薩として御出現あそばされたということであります。

（宗祖日蓮大聖人御大会・令和五年一月号48ジペー）

⑬ 結要付嘱《けっちょう》の正体

結要付嘱《けっちょう》の正体とは何かと言えば、日寛上人は『文底秘沈抄《もんていひちんしょう》』に、

「教主釈尊の一大事の秘法とは結要付嘱の正体、蓮祖出世の本懐《ほんがい》、三大秘法の随一、本門の本尊の御事なり。是《こ》れ則《すなわ》ち釈尊塵点劫《じんでんごう》より来《このかた》心中深《じん》秘《ぴ》の大法なり、故に一大事の秘法と云《い》うなり」（六巻抄六四ジペー）

と仰せられ、釈尊から上行菩薩《ぼさつ》へ結要付嘱され、今、大聖人が所持あそばされているところの妙法は、久遠《くおん》の本法たる妙法五字であり、まさしく三大秘法の随一、本門の本尊であると御指南されているのであります。この三大秘法の本尊こそ、釈尊をはじめ三世諸仏の護持する根本の法であり、三世にわたって一切衆生《しゅじょう》を救済する根源の法であります。

すなわち、久遠の本法たる妙法五字は、『御義口伝《おんぎくでん》』に、

「自受用身《じじゅゆう》とは一念三千なり。伝教の云はく、一念三千即自受用身」

（御書一七七二ジペー）

と仰せのように、人即法、法即人の妙法蓮華経にして、人《にん》に約せば久遠元初《がんじょ》自受用報身如来の再誕、末法《まっぽう》御出現の御本仏宗祖日蓮大聖人であり、法に約せば久遠元初の妙法にして、根源の法であります。

しかれば、我ら一同、宗祖日蓮大聖人を末法の御本仏と仰ぎ奉り、その御魂魄《こんぱく》たる本門戒壇《かいだん》の大御本尊に対し、至心《ししん》に題目を唱え、自行化他《けた》の行業《ぎょうごう》に励む時、即身成仏《じょうぶつ》、決定《けつじょう》として疑いないのであります。

どうぞ皆様には、固くこの旨《むね》を拝し奉り、本日の御登山を機に、さらに一段と自行化他の信心に励まれますよう、心から願うものであります。

（宗祖日蓮大聖人御大会・令和五年一月号49ジペー）

⑭ 立正安国《りっしょうあんこく》

『立正安国論《りっしょうあんこくろん》』は、今を去《さ》る七百六十二年前、文応元（一二六〇）年七月十六日、宗祖日蓮大聖人御年《おんとし》三十九歳の時、宿屋左衛門《やどやさえもん》入道を介《かい》して時の最高権力者・北条時頼《ときより》に提出された国主への諫暁《かんぎょう》書であります。

すなわち『立正安国論』は、日本国の上下万民が謗法《ほうぼう》の重科によって、今生《こんじょう》には天変地夭《てんぺんちよう》・飢饉《ききん》・疫癘《えきれい》をはじめ、自界叛逆《ほんぎゃく》難・他国侵逼《しんぴつ》難などの重苦に責《せ》められ、未来には無間《むけん》大城に堕《お》ちて阿鼻《あび》の炎にむせぶことを大聖人が悲嘆せられ、末法《まっぽう》の御本仏としての大慈大悲をもって、北条時頼ならびに万民をお諫《いさ》めあそばされた折伏《しゃくぶく》諫暁書であります。

その『立正安国論』の対告衆《たいごうしゅ》は北条時頼であり、予言の大要は自界叛逆難・

他国侵逼難の二難でありますが、実には一切衆生《しゅじょう》に与えられた諫言書《かんげん》であります。また、一往は専《もっぱ》ら法然《ほうねん》の謗法を破折しておりますが、再往元意《がんい》の辺は広く諸宗の謗法を破折しておられるのであります。

したがって、本抄は主に権実《ごんじつ》相対の上から破折されていることになりますが、「立正」の意義から拝せば、一重立ち入って、天台過時《かじ》の迹《しゃく》を破し、法《ほっ》華《け》本門を立てて正とする故に本迹相対となります。さらにまた、一歩深く立ち入って拝せば、本因下種《ほんにんげしゅ》の正法《しょうぼう》、すなわち文底《もんてい》下種の三大秘法の妙法蓮華経を立てて、本果脱益《だっちゃく》の教法を破するが故に種脱相対となります。つまり「立正」の「正」とは、下種の本尊がその正体であります。

また「安国」の両字について、総本山第二十六世日寛上人は『立正安国論愚記《ぐき》』に、

「文は唯《ただ》日本及び現在に在り、意は閻浮《えんぶ》及び未来に通ずべし」

（御書文段五ジペー）

と仰せられています。すなわち、国とは一往は日本国を指すも、再往は全世界・一閻浮提《いちえんぶだい》を指しているのであります。

「立正」の両字については、

「立正の両字は三箇の秘法を含むなり」（同六㌻）

と仰せであります。つまり「立正」とは、末法万年の闇を照らし、弘通するところの本門の本尊と戒壇《かいだん》と題目の三大秘法を立てることであり、正法治国・国土安穏《あんのん》のためには、この本門の三大秘法の正法を立てることこそ、最も肝要《かんよう》であると仰せられているのであります。

されば、私どもはこの『立正安国論』の御聖意《しょうい》を拝し、新型コロナウイルス感染症によって世情騒然《そうぜん》としている今こそ、一人ひとりが真剣に妙法広布《こうふ》を目指して立ち上がり、決然として破邪顕正《けんしょう》の折伏を行じていかなければなりません。

（富士学林研究科閉講式・令和五年一月号52㌻）

⑮ 折伏《しゃくぶく》誓願達成に向かって

皆様には本年度の折伏《しゃくぶく》誓願達成に向かって、日夜、御奮闘のことと思います。申すまでもなく、折伏誓願の達成は、私どもが御宝前に固くお誓い申し上げたことでありまして、何があっても反故《ほご》にすることなく、講中一結・異体同心し、一日一時《いっとき》なりとも無駄《むだ》にせず、全力を傾注《けいちゅう》していかなければなりません。

大聖人様は『開目抄』に、

「つたな《拙》き者のならひは、約束せし事をまことの時はわするゝなるべし」（御書五七四ページ）

と仰せであります。

この御文を拝する時、私どもは改めて年頭に御宝前に誓った折伏誓願は、講中の総力を結集して達成しなければならない大事な目標であることを確認し、時を惜《お》しまず、誓願達成へ向けて折伏を行じ、「つたなき者」との汚名《おめい》はなんとしても避けなければなりません。

(十二月度広布唱題会・令和五年一月号55ジペー)

⑯ 正しい法を耳にしたことが縁となる

大聖人様は『唱法華題目抄《しょうほっけだいもくしょう》』に、

「末代には善無《な》き者は多く善有《あ》る者は少なし。故に悪道に堕《だ》せん事疑ひ無し。同じくは法華経《ほけきょう》を強《し》ひて説き聞かせて毒鼓《どっく》の縁と成すべきか。然《しか》れば法華経を説いて謗縁《ぼうえん》を結ぶべき時節なる事諍《あらそ》ひ無き者をや」

（御書二三一㌻）

と仰せであります。

この御文中の「毒鼓の縁」とは、既《すで》に皆様方には御承知の通り、毒を塗《ぬ》った太鼓《たいこ》を大衆のなかで打つと、聞こうとする心がなくとも、その音を聞いた者すべてが死ぬと言われております。これは、法を聞こうとせず反対しても、やがて煩悩《ぼんのう》を断じて得道できることを毒鼓、毒を塗った太鼓を打つことに譬《たと》えているのであります。

つまり、耳根《にこん》得道という言葉がありますように、一切衆生《しゅじょう》には皆、仏性《ぶっしょう》が具《そな》わっております。たとえ聞こうとする心がなくても、正しい法を耳にしたことが縁となって成仏《じょうぶつ》できるわけでありますから、順縁の衆生はもとより、たとえ逆縁の衆生であっても、三大秘法の南無妙法蓮華経を聞かせることによって正法《しょうぼう》と縁を結ばせ、救済できるのであります。

まさに、この御文を拝する時、今こそ、私どもは一人でも多くの人々に妙法を下種《げしゅ》し、結縁《けちえん》せしめていくことが、いかに大事であるかを知らなければなりません。

（十二月度広布唱題会・令和五年一月号56ジペー）

⑰ 折伏躍動《しゃくぶくやくどう》の年

本年「折伏躍動《しゃくぶくやくどう》の年」は文字通り、仏祖三宝尊への御報恩謝徳のもと、全国の寺院が講中一結・異体同心し、全力を傾注《けいちゅう》して折伏を行い、仏国土《ぶっこくど》実現・一天広布《こうふ》達成へ向けて大きく躍動し、御奉公の誠を尽くしていかなければならない、まことに大事な年であります。

特に今、依然として新型コロナウイルス感染症の猛威が止《や》まず、末法濁悪《まっぽうじょくあく》の世相そのままに、混沌《こんとん》とした状況を呈《てい》していますが、かくなる時こそ、私どもは「折伏躍動の年」にふさわしく、一人ひとりが断固たる決意と勇猛果敢なる行動をもって、身軽《しんきょう》法重・死身弘法《ぐほう》の御聖訓《せいくん》のままに、一切衆生《しゅじょう》救済の秘法たる本因下種《ほんにんげしゅ》の妙法を一人でも多くの人に下種・折伏し、この難局を乗りきっていかなければなりません。

（元旦勤行・令和五年二月号16ジペー）

⑱ 一天広布《こうふ》へ向けて大折伏《しゃくぶく》戦を

大聖人様は『聖愚《しょうぐ》問答抄』に、

「抑《そもそも》仏法を弘通し群生《ぐんじょう》を利益《りやく》せんには、先《ま》づ教・機・時・国・教法流布《るふ》の前後を弁《わきま》ふべきものなり。所以《ゆえ》は時に正像末《しょうぞうまつ》あり、法に大小乗あり、修行に摂折《しょうしゃく》あり。摂受《しょうじゅ》の時折伏《しゃくぶく》を行ずるも非なり。折伏の時摂受を行ずるも失《とが》なり。然《しか》るに今世は摂受の時か折伏の時か先《ま》づ是《これ》を知るべし。摂受の行は此《こ》の国に法華《ほっけ》一純に弘まりて、邪法邪師一人もなしといはん、此の時は山林に交《まじ》はりて観法を修し、五種六種乃至《ないし》十種等を行ずべきなり。折伏の時はかくの如《ごと》くならず、経教のおきて蘭菊《らんぎく》に、諸宗のおぎろ《頤》誉《ほま》れを擅《ほしいまま》にし、邪正肩《かた》を並べ大小先《さき》を争はん時は、万事《ばんじ》を閣《さしお》いて謗法《ほうぼう》を責《せ》むべし、是折伏の修行なり。此の旨《むね》を知らずして摂折途《みち》に違《たが》はゞ得道は思ひもよらず、悪道に堕《お》つべしと云《い》ふ事、法華・涅槃《ねはん》に定め置き、天台・妙楽の解釈《げしゃく》にも分明《ふんみょう》なり。是仏法修行の大事なるべし」

（御書四〇二ジペー）

と仰せであります。

されば、私ども一同、この御金言《きんげん》をしっかりと心肝《しんかん》に染め、今こそ、五濁《ごじょく》乱漫たる末法濁悪《まっぽうじょくあく》の世の中にあって、不幸と混乱と苦悩の原因たる邪義邪宗の謗法を対治し、全人類の幸せを目指して果敢に折伏を行じ、もって広大無辺なる仏恩《ぶっとん》に報《むく》い奉っていかなければならない大事な時と知るべきであります。

どうぞ皆様には、本年「折伏躍動《やくどう》の年」を迎え、決意も新たに、講中一結・異体同心し、一天広布《こうふ》へ向けて大折伏戦を展開し、もって全支部が必ず折伏誓願を達成されますよう心から願い、簡単ながら一言もって新年の挨拶といたします。

（元旦勤行・令和五年二月号17ジペー）

⑲ 摂受《しょうじゅ》と折伏《しゃくぶく》

一人ひとりが妙法の広大無辺なる功徳《くどく》を拝信して自行化他《けた》の信心に住し、真の世界平和と仏国土《ぶっこくど》実現を目指して、今こそ勇躍《ゆうやく》として破邪顕正《けんしょう》の折伏《しゃくぶく》を行じていかなければなりません。

大聖人様は『開目抄』に、

「夫《それ》、摂受《しょうじゅ》・折伏と申す法門は、水火のごとし。火は水をいとう、水は火をにくむ。摂受の者は折伏をわらう、折伏の者は摂受をかなしむ。無智・悪人の国土に充満の時は摂受を前《さき》とす、安楽行品のごとし。邪智・謗法《ほうぼう》の者の多き時は折伏を前とす、常不軽品《ふきょう》のごとし。譬《たと》へば、熱き時に寒水を用ひ、寒き時に火をこのむがごとし。草木は日輪の眷属《けんぞく》、寒月に苦をう、諸水は月輪の所従、熱時に本性を失ふ。末法《まっぽう》に摂受・折伏あるべし。所謂《いわゆる》、悪国・破法の両国あるべきゆへなり。日本国の当世は悪国か、破法の国かとしるべし」（御書五七五ジペー）

と仰せであります。

まさしく今、末法は「邪智・謗法の者の多き時」にして、この時は摂受ではなく、折伏をもってすることが肝要《かんよう》であるとの御教示であります。この御指南を改めて拝し、講中一同、決意も新たに異体同心して一意専心、折伏を行じていくことが肝要であります。

各位にはこのことを銘記《めいき》され、「折伏躍動《やくどう》の年」にふさわしく、一天広布《こうふ》へ向けて折伏を行じ、いよいよ精進《しょうじん》されますよう心から願い、本日の挨拶といたします。

（一月度広布唱題会・令和五年二月号19ジペー）

⑳ 大きく躍動《やくどう》する年

本年「折伏躍動《しゃくぶくやくどう》の年」は、全国の法華《ほっけ》講員一同が、仏祖三宝尊への御報恩謝徳のもと、一天四海・皆帰《かいき》妙法を目指して異体同心・一致団結し、総力を結集して大折伏戦を展開し、真の恒久《こうきゅう》平和と仏国土《ぶっこくど》実現を願って大きく躍動していかなければならない、まことに大事な年であります。

特に今、依然として世界的に新型コロナウイルス感染症が猛威を振るい、末法濁悪《まっぽうじょくあく》の世相そのままに、混沌《こんとん》とした様相を呈《てい》していますが、かくなる時こそ、私どもは一人ひとりが『立正安国論《りっしょうあんこくろん》』の御聖意《しょうい》を拝し、断固たる決意と勇猛果敢なる行動をもって、身軽《しんきょう》法重・死身弘法《ぐほう》の御聖訓のままに、一切衆生救済《しゅじょう》の秘法たる本因下種《ほんにんげしゅ》の妙法を一人でも多くの人々に下種・折伏し、この難局を乗りきっていかなければならないと思います。

（唱題行〔一月二日〕・令和五年二月号21ページ）

㉑ 一切衆生《しゅじょう》には本質的に仏性《ぶっしょう》が具《そな》わっている

大聖人様は『法華初心成仏抄《ほっけしょしんじょうぶつしょう》』に、

「仏になる法華経《ほけきょう》を耳にふれぬれば、是《これ》を種《しゅ》として必ず仏になるなり。されば天台・妙楽も此《こ》の心を以《もっ》て、強《し》ひて法華経を説くべしとは釈し給《たま》へり。譬《たと》へば人の地に依《よ》りて倒れたる者の、返って地をおさへて起《た》つが如《ごと》し。地獄《じごく》には堕《お》つれども、疾《と》く浮かんで仏になるなり。当世の人何《なに》となくとも法華経に背《そむ》く失《とが》に依りて、地獄に堕ちん事疑ひなき故に、とてもかくても法華経を強ひて説き聞かすべし。信ぜん人は仏になるべし、謗ぜん者は毒鼓《どっく》の縁となって仏になるべきなり。何《いか》にとしても仏の種は法華経より外《ほか》になきなり」（御書一三一六㌻）

と仰せであります。

この御文中「毒鼓の縁」とは、既《すで》に皆様もよく御承知のように、涅槃《ねはん》経に説かれている譬え話で、毒鼓とは毒薬を塗《ぬ》った太鼓《たいこ》のことであります。これを大衆のなかで打つと、その音を聞こうと思わなくても、自然に耳に入り、これを聞けば皆、死ぬと言われておりまして、法を聞信せずと反対しても、やがて煩悩《ぼんのう》を断じて得道できることを毒鼓、すなわち毒を塗った太鼓を打つことに譬えているのであります。

つまり、一切衆生《しゅじょう》には皆、本質的に仏性《ぶっしょう》が具《そな》わっており、正しい法を聞き、発心《ほっしん》・修行することによって成仏できることを言い、末法今時《まっぽうこんじ》では順縁の衆生はもとより、たとえ逆縁の衆生であっても、三大秘法の妙法を聞かせることによって将来、必ず救済することができるのであります。

されば、私どもはこの御文をしっかりと心肝《しんかん》に染め、いよいよ自行化他《けた》にわたる信心に住し、勤行・唱題に励むとともに、不幸の根源たる邪義邪宗の謗法《ほうぼう》を対治し、妙法広布《こうふ》の実現に尽くしていくところに、私どもの一生成仏がかなえられることを銘記《めいき》すべきであります。

（唱題行〔一月二日〕・令和五年二月号22ページ）

㉒須《すべか》らく国中の謗法《ほうぼう》を断《た》つべし

今日《こんにち》の世の中の混乱と苦悩の根本原因は、ひとえに「世皆正《よしょう》に背《そむ》き人悉《ことごと》く悪に帰《き》す」と仰せの通り、邪義邪宗の謗法《ほうぼう》の害毒によるものであり、ここに今、私どもが全力を傾注《けいちゅう》して邪義邪宗の謗法を破折し、折伏《しゃくぶく》を行じていかなければならない大事な所以《ゆえん》が存しているのであります。

『立正安国論《りっしょうあんこくろん》』には、

「嗟呼《ああ》悲しいかな如来誠諦《じょうたい》の禁言《きんげん》に背くこと。哀《あわ》れなるかな愚侶《ぐりょ》迷惑の麁語《そご》に随《したが》ふこと。早く天下の静謐《せいひつ》を思はゞ須《すべか》らく国中の謗法を断《た》つべし」

（御書二四七ジペー）

と仰せられ、さらに、

「汝《なんじ》早く信仰の寸心を改めて速《すみ》やかに実乗の一善に帰せよ。然《しか》れば則《すなわ》ち三界は皆仏国なり、仏国其《そ》れ衰《おと》へんや。十方は悉く宝土なり、宝土何ぞ壊《やぶ》れんや。国に衰微《すいび》無く土《ど》に破壊《はえ》無くんば、身は是《これ》安全にして心は是禅定《ぜんじょう》ならん。此《こ》の詞《ことば》此の言《こと》信ずべく崇《あが》むべし」（同二五〇ジペー）

と仰せられているのであります。

されば本年「折伏躍動《やくどう》の年」を迎え、私ども一同、文字通り、一人ひとりが断固たる決意と勇猛果敢なる行動をもって、決然として破邪顕正《けんしょう》の折伏を行じ、邪義邪宗の謗法によって苦悩に喘《あえ》ぐ多くの人々を救い、もって広大無辺なる仏恩《ぶっとん》に報《むく》い奉るとともに、一天広布《こうふ》の達成へ向けて、身軽《しんきょう》法重・死身弘法《ぐほう》の御聖訓のままに、正法《しょうぼう》広布に身を捧げ、大躍進することが今、最も肝要《かんよう》であることを覚知され、皆様方にはいよいよ精進《しょうじん》をされますよう心から念じ、一言もって本日の挨拶といたします。

（唱題行（一月三十一日）・令和五年三月号20ジペー）

㉓ 御本仏の出現

皆様も御承知の通り、今月は宗祖日蓮大聖人御聖誕《せいたん》の月であります。大聖人様は、貞応《じょうおう》元（一二二二）年二月十六日、法華経《ほけきょう》において予証せられた通り、外用《げゆう》上行菩薩《ぼさつ》、内証久遠元初自受用《くおんがんじょじじゅゆう》身の御本仏として末法《まっぽう》に御出現あそばされました。

その目的は『御義口伝《おんぎくでん》』に、

「妙法の大良薬《ろうやく》を以《もっ》て一切衆生《しゅじょう》の無明《むみょう》の大病を治《じ》せん事疑ひ無きなり」（御書一七三二㌻）

と仰せのように、「妙法の大良薬」すなわち、久遠元初の本法たる人即法・法即人の妙法蓮華経にして、人《にん》に約せば久遠元初自受用報身如来の再誕、末法御出現の御本仏宗祖日蓮大聖人であり、法に約せば久遠元初の妙法でありま す。この人法一箇の妙法をもって、末法本未有善《うぜん》の一切衆生を救済せんために御出現あそばされたのであります。

（二月度広布唱題会・令和五年三月号22ジペー）

㉔ 謗法《ほうぼう》の害毒によって苦しむ

世の中の多くの人々は、謗法《ほうぼう》の害毒によって苦しみから逃《のが》れることができず、苦悩に喘《あえ》いでいるのであります。その上、謗法によって人心が乱《みだ》れ、さらに依正不二《ふに》の原理によって、それがそのまま国土の乱れを招き、一国が無間《むけん》大城に堕《お》ちて苦しんでいるのであります。

そもそも『立正安国論《りっしょうあんこくろん》』の原理に従えば、世の中が乱れ、人々が不幸と混乱と苦悩に喘いでいる根本原因は、すべからく邪義邪宗の謗法の害毒にあり、この謗法の対治なくして人々の幸せも、世の中の平和も、国土の安穏も実現することはできないのであります。

ここに今、私どもが決然として謗法を破折し、折伏《しゃくぶく》を行じていく大事な理由が存しているのであります。（二月度広布唱題会・令和五年三月号23ジペー）

㉕相手が反対しても諦《あきら》めない

『唱法華題目抄《しょうほっけだいもくしょう》』には、

「末代には善無《な》き者は多く善有《あ》る者は少なし。故に悪道に堕《だ》せん事疑ひ無し。同じくは法華経《ほけきょう》を強《し》ひて説き聞かせて毒鼓《どっく》の縁と成すべきか。然《しか》れば法華経を説いて謗縁《ぼうえん》を結ぶべき時節なる事諍《あらそ》ひ無き者をや」

（御書二三一ジペー）

と仰せられているのであります。

「毒鼓の縁」とは、既《すで》に皆様も御承知の通り、涅槃《ねはん》経に説かれている話で、毒薬を太鼓《たいこ》に塗《ぬ》り、これを大衆のなかでたたくと、その音を聞く者すべてが死ぬと言われております。これは法を説くことによって、相手が聞こうが聞くまいが、その法を耳にしたことが縁となって得道できるという譬《たと》え話であります。

したがって、折伏《しゃくぶく》に当たっては、たとえ相手が反対したとしても諦《あきら》めず、根気よく、諄々《じゅんじゅん》と法を説いていくことが肝要《かんよう》なのであります。

（二月度広布唱題会・令和五年三月号23ジペー）

㉖ とてもかくても説いていく

『法華《ほっけ》初心成仏抄《じょうぶつしょう》』には、

「仏になる法華経《ほけきょう》を耳にふれぬれば、是《これ》を種《しゅ》として必ず仏になるなり。されば天台・妙楽も此《こ》の心を以《もっ》て、強《し》ひて法華経を説くべしとは釈し給《たま》へり。譬《たと》へば人の地に依《よ》りて倒れたる者の、返って地をおさへて起《た》つが如《ごと》し。地獄《じごく》には堕《お》つれども、疾《と》く浮かんで仏になるなり。当世の人何《なに》となくとも法華経に背《そむ》く失《とが》に依りて、地獄に堕ちん事疑ひなき故に、とてもかくても法華経を強ひて説き聞かすべし」（御書一三一六ジ）

と仰せられ、末法今時《まっぽうこんじ》の本未有善《うぜん》の衆生《しゅじょう》に対しては、真心を込めて法華経、すなわち本因下種《ほんにんげしゅ》の妙法を、確信と断固たる決意を持って「とてもかくても」

説いていくことが肝要《かんよう》なのであります。

今、宗門は、各講中とともに折伏《しゃくぶく》誓願達成へ向けて、僧俗一致・異体同心の団結をもって全力を傾注《けいちゅう》し、前進すべき大事な時を迎えております。

されば、この時に当たりまして、すべての講中が一天広布《こうふ》を目指して一致団結し、身軽《しんきょう》法重・死身弘法《ぐほう》の御聖訓《せいくん》のままに、勇躍《ゆうやく》として大折伏戦を展開し、もって全支部が必ず本年度の折伏誓願を達成されますよう心から祈り、本日の挨拶といたします。

（二月度広布唱題会・令和五年三月号24ジペー）

㉗ 世界平和を実現する最善の方途《ほうと》

今日《こんにち》、新型コロナウイルスの世界的蔓延《まんえん》や、多くの犠牲者を出したトルコ・シリアの大地震、さらにロシアによるウクライナ侵略等、日本乃至《ないし》世界の混《こん》沌《とん》とした状況を見る時、私どもは改めて『立正安国論《りっしょうあんこくろん》』の御聖意《しょうい》を拝し、今こそ真の世界平和、仏国土《ぶっこくど》実現を目指して全力を傾注《けいちゅう》し、妙法広布《こうふ》へ挺身《ていしん》していかなければならないと思います。

既《すで》に皆様も御承知の通り、『立正安国論』は今を去《さ》る七百六十三年前、文応元（一二六〇）年七月十六日、宗祖日蓮大聖人御年《おんとし》三十九歳の時、宿屋左《やどやさ》衛門《えもん》入道を介《かい》して、時の最高権力者である前執権《しっけん》・北条時頼《ときより》へ提出された、国主への諫暁《かんぎょう》書であります。

大聖人様は『撰時抄』に、

「外典《げてん》に云《い》はく、未萌《みぼう》をしるを聖人という。内典に云はく、三世を知るを聖人という。余《よ》に三度のかう《高》みやう《名》あり」（御書八六七ページ）

と仰せのように、御一代中に三度《みたび》、天下国家を諫暁あそばされましたが、その最初の時に提出されたのが『立正安国論』であります。

そこで『立正安国論』御述作の動機について、『安国論御勘由来』を拝しますると、

「正嘉《しょうか》元年太歳丁巳八月廿《にじゅう》三日戌亥《いぬい》の時、前代に超えたる大地振《じしん》。同二年戊午八月一日大風。同三年己未大飢饉《ききん》。正元《しょうげん》元年己未大疫病《やくびょう》。同二年庚申四季に亘《わた》りて大疫已《や》まず。万民既に大半に超えて死を招き了《おわ》んぬ。而《しか》る間国主之《これ》に驚き、内外典に仰せ付けて種々の御祈祷《きとう》有り。爾《しか》りと雖《いえど》も一分の験《しるし》も無く、還《かえ》りて飢疫《ききえき》等を増長す。日蓮世間の体《てい》を見て粗《ほぼ》一切経を勘《かんが》ふるに、御祈請《きしょう》験無く還りて凶悪を増長するの由《よし》、道理文証之《これ》を得《え》了んぬ。終《つい》に

止《や》むこと無く勘文《かんもん》一通を造り作《な》し其《そ》の名を立正安国論と号す。文応元年庚申七月十六日辰時、屋戸野《やどや》入道に付《ふ》し故最明寺《さいみょうじ》入道殿に奏進し了んぬ。此偏《これひとえ》に国土の恩を報ぜんが為なり（中略）日蓮正嘉の大地震、同じく大風、同じく飢饉、正元元年の大疫等を見て記して云はく、他国より此《こ》の国を破《やぶ》るべき先相なりと。自讃に似たりと雖も、若《も》し此の国土を毀壊《きえ》せば復《また》仏法の破滅疑ひ無き者なり」（同三六七㌻）

と仰せられています。

すなわち、大聖人様は天変地夭《てんぺんちよう》・飢饉・疫癘《えきれい》、遍《あまね》く天下に満ち、混沌とした末法濁悪《まっぽうじょくあく》の世相を深く憂《うれ》えられ、国土退廃の根本原因は、邪義邪宗の謗法《ほうぼう》の害毒にあると断じられ、邪義邪宗への帰依《きえ》をやめなければ、自界叛逆《ほんぎゃく》・他国侵逼《しんぴつ》の二難をはじめ、様々な難が必ず競《きそ》い起こると予言され、こうした災難を防ぐためには、

「汝《なんじ》早く信仰の寸心を改めて速《すみ》やかに実乗の一善に帰《き》せよ。然《しか》れば則《すなわ》ち

三界は皆《みな》仏国なり、仏国其《そ》れ衰《おとろ》へんや。十方は悉《ことごと》く宝土なり、宝土何ぞ壊《やぶ》れんや。国に衰微《すいび》無く土《ど》に破壊《はえ》無くんば、身は是《これ》安全にして心は是禅定ならん。此の詞此《ことば》の言《こと》信ずべく崇むべし」（同二五〇ジペー）

と仰せられて、安穏《あんのん》なる仏国土《ぶっこくど》を建設するためには、一刻も早く邪義邪宗の謗法の念慮《ねんりょ》を断《た》ち、「実乗の一善」に帰することであると御誡《おんいまし》められているのであります。

「実乗の一善」とは、大聖人様の元意《がんい》は文上の法華経《ほけきょう》を指すのではなく、法華経本門寿量品文底《もんてい》独一本門の妙法蓮華経のことであり、三大秘法の随一、本門戒壇《かいだん》の大御本尊のことであります。すなわち、この大御本尊に帰依することが、国を安《やす》んじ、世界平和を実現する最善の方途《ほうと》であると仰せられているのであります。

（宗祖日蓮大聖人御聖誕八百年慶祝記念総会・令和五年四月号17ジペー）

㉘依正不二《ふに》の原理

大聖人様は『瑞相御書《ずいそうごしょ》』に、

「夫《それ》十方は依報《えほう》なり、衆生《しゅじょう》は正報なり。依報は影のごとし、正報は体《たい》のごとし」（御書九一八ジペー）

と仰せであります。

すなわち、仏法においては依正不二《ふに》の原理が説かれ、主体たる正報と、その依《よ》りどころたる依報とが一体不二の関係にあることを明かされているのでありります。よって、正報たる我ら衆生の六根のあらゆる用《はたら》きがそのまま、依報たる国土世間へ大きく影響を及ぼしているのであります。

されば、同じく『瑞相御書』には、

「人の眼耳《げんに》等驚《きょう》そう《操》すれば天変《てんぺん》あり。人の心をうご《動》かせば地動す」（同九一九ジペー）

と仰せられ、また、

「人の悦《よろこ》び多々なれば、天に吉瑞《きちずい》をあらはし、地に帝釈《たいしゃく》の動《うごき》あり。人の悪心盛《さか》んなれば、天に凶変《きょうへん》、地に凶夭出来《しゅったい》す」（同九二〇ジペー）

と仰せられているのであります。

この依正不二の原理は、凡夫の知恵をもっては到底、計り知ることのできない仏様の透徹《とうてつ》された智慧でありまして、三世十方、つまり無限の時間と空間を通覧せられて、宇宙法界の真理を悟《さと》られた仏様の知見であります。したがって、この妙法に照らして示された依正不二の大原則を無視して、今日《こんにち》の如《ごと》き混迷を極める惨状を救い、真の解決を図ることはできないのであります。

すなわち『立正安国論《りっしょうあんこくろん》』の正意に照らせば、正報たる我ら衆生が一切の謗《ほう》法《ぼう》を捨てて、実乗の一善たる三大秘法の随一、本門の本尊に帰依《きえ》すれば、その不可思議、広大無辺なる妙法の力用《りきゆう》によって、我ら衆生一人ひとりの生命が浄化され、それが個から全体へ、衆生世間に及び、社会を浄化し、やがて依報たる国土世間をも変革し、仏国土《ぶっこくど》と化していくのであります。

反対に、我ら衆生の生命が悪法によって濁《にご》れば、その濁りが国中に充満し、依報たる国土の上に様々な変化を現じ、天変地夭《ちよう》となって現れるのであります。

（宗祖日蓮大聖人御聖誕八百年慶祝記念総会・令和五年四月号20ジペー）

㉙ かたき《敵》をだにもせめ《責》ざれば得道ありがたし

『南条兵衛《ひょうえ》七郎殿御書』を拝しますと、

「いかなる大善をつくり、法華経《ほけきょう》を千万部書写し、一念三千の観道を得たる人なりとも、法華経のかたき《敵》をだにもせめ《責》ざれば得道ありがたし」

（御書三二二ジペー）

と仰せであります。

すなわち、この御文は「たとえ、いかに勝《すぐ》れた善根功徳《くどく》を積み、法華経を千万部も書写し、法華経の肝要《かんよう》たる一念三千の法門を究《きわ》めたという人であっても、法華経の敵《かたき》、つまり謗法《ほうぼう》をそのまま放置して破折をしなければ、成仏《じょうぶつ》することはできない」と仰せられているのであります。

したがって、一応、勤行《ごんぎょう》にも励み、教学も学び、仏法のことはよく知っているという人もいます。しかし、いくら教学を学んでいると言っても、邪義邪宗の謗法をそのままにして、折伏《しゃくぶく》をしなければ、成仏はできないとの厳しい仰せであります。

それはあたかも、

「朝《ちょう》につか《仕》ふる人の十年二十年の奉公あれども、君の敵をしり《知》ながら奏《そう》しもせず、私にもあだまず《怨》ば、奉公皆うせ《失》て還《かえ》ってとが《咎》に行なはれんが如《ごと》し」（同三二三㌻）

と仰せのように、朝廷に仕えている人が、十年、二十年と長年にわたって奉公してきても、主君の敵を知りながら、上にも報告せず、その敵を憎《にく》みもせず、責《せ》めなければ、奉公の功績も皆、消えてしまい、かえって罪に問われるようなものであると仰せられているのであります。

（三月度広布唱題会・令和五年四月号24㌻）

㉚ 謗法《ほうぼう》を放置しない

いずこの世界にあっても、悪人を放置しておけば、その組織は内側から破壊されてしまいます。また、そうした悪がはびこることを黙って許しておくことも、大きな罪であります。

すなわち、私どもの信心においては、悪《あ》しき謗法《ほうぼう》をそのまま放置しておくことは、謗法厳誡《げんかい》の宗是《しゅうぜ》からいっても適正ではありません。また、謗法を黙《もっ》過《か》しておくことは、必ず禍根《かこん》を残すことになります。

私どもの信心において大事なことは、自行化他《けた》にわたる信心であります。自行化他にわたる正しい信心の道に連《つら》なってこそ、初めて成仏《じょうぶつ》をかなえることができるのでありますから、私どもは受持正行・折伏正規《しゃくぶくしょうき》の宗是をしっかり守り、信心に励んでいくことが肝要《かんよう》であります。

されば皆様方には、いよいよ強盛《ごうじょう》に唱題に励み、講中一結・異体同心して折伏を行じ、もって一天広布《こうふ》を目指して精進《しょうじん》されますよう心からお祈りし、はなはだ粗略《そりゃく》ながら、一言もって本日の挨拶といたします。

(三月度広布唱題会・令和五年四月号25ジペー)

総本山第六十八世御法主日如上人猊下
御指南集 三十二

令和5年6月15日　初版発行

編集・発行／株式会社 大　日　蓮　出　版
静岡県富士宮市上条546番地の1
印　　　刷／株式会社 きうちいんさつ

ISBN978-4-910458-15-1